LO QUE NO PUDO SER Y ES

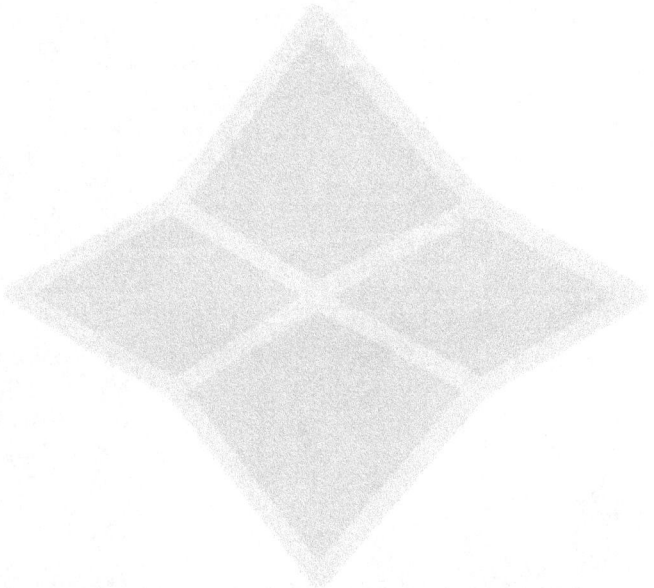

LO QUE NO PUDO SER Y ES

Luz Stella Mejía Mantilla

TESSELLATA

Lo que no pudo ser y es, 2023

Ilustración de la portada de: Teresa (https://pixabay.com/es/users/teresad72-9622190/)

Tessellata Libros

ISBN: 978-1-7369492-8-3
Library of Congress Control Number: 2023917444

TESSELLATA BOOKS
Virginia, USA
editora@tessellata.org
www.tessellata.org

A Jeff

Contenido

I

TE DOY ESTA CARA DE TORMENTA

Mi lira tiene un trémolo de caracol marino,
y entre el dolor humano yo expreso otro dolor.

Porfirio Barba Jacob

Astutas ovejas entre inocentes lobos

Vino el dolor y se llevó mi boca
murió una paloma bajo el peso del aire
se enredan mis pies entre serpientes
y sé que alguna al fin me llevará consigo
    a su oscura guarida
O tal vez ya estoy allí entre la fetidez
de cadáveres secos.

Cuántas plumas huérfanas
Cuántos huesos rotos
Caben en la boca de la mentira

Escudo y refugio

Tú venías por el sol y yo era de barro triste

Raúl Gómez Jattín

Porque vengo del ruido y del ahogo,
de colmillos en fila y sus ponzoñas.
Vengo del desierto sin agua y sin umbrío,
sin calor de otros brazos en la noche.
Y tú vienes de playas arenosas,
con mares felices que te dieron el ritmo.
Ese ir y volver siempre anunciando.
Ese reír por nada y con las olas,
mostrando una fila de corales brillantes.
Vienes de la alegría de cien brazos
sosteniéndote en planetas alunados.
Aquí en este destierro sin orillas,
cuando te falta luz
            rompes mis faros.

Hasta aquí

No seré más la leña de tus fuegos
Creceré árbol encima de las llamas
No me alcanzará el dolor en tu voz:
avispa herida hiriendo
a quien viene por flores,
seré abeja en mieles sosegada.
No esperaré tus nubes de tormenta:
cúmulos ácidos lloviendo juicios.
Me dejaré llevar en brisas suaves,
cirro de hilachas ondeando
abarquillada en el azul inmóvil.

La selva te mira desde tus ojos de fuego

I

Te doy esta cara de tormenta
Ojos de lluvia
en medio de la siega
Flores que se mecen en la brisa de agosto
Truenos y luces del cielo deslomándose
Es lo que soy
Y tú sólo ves un campo de guaridas
rastros de zarpas y
sangre que gotea
de las fauces abiertas
y entre las altas hierbas, vigilando:
la bestia que te hiere

II

Vas con sigilo entre las flores
abres zanjas, creas trampas
pones carnadas con lazos para atrapar al tigre
Tu vida es ahora solo caza
Hay que matar la bestia a toda costa
Que no hiera, no asuste, que no siga
dejando el bosque yermo.
Acechas aburrido al tigre que no viene
Sin embargo alrededor todo es estrago.

Un día algo ves entre las trampas:
Un conejo asustado
¿Es esta la bestia que me asola?
te preguntas mientras entiendes
que era tu miedo el que te asustaba
eran tus trampas y tu furia
las que arrasaban el bosque.

Cuando la polvareda sea roca

Me desgarro por dejar una palabra válida
que sea una señal
una pista geológica que demarque mi fósil
para que me encuentren cuando los escombros
nos sepulten en los lechos secos
Que vean en mis versos las marcas de los dientes,
los zarpazos, los golpes,
y entiendan nuestra lucha.

Vendo pedazos de mí

Me vendo a pedazos,
me exhibo por partes
En cada ventanita solo puedo mostrar
un centímetro cuadrado.
El todo completo no cabe
ni en las salas de exhibición más grande:
Corre libre en las praderas,
se ahoga en ríos oscuros,
canta en bares abandonados.

De ti solo veo un trocito,
el que me muestras a mi ventana
cuando te asomas.
Desconozco tu todo inmenso
que flota cadencioso entre las nubes
se pierde en bosques fríos y densos,
se esconde en calles desiertas a medianoche.

Nadie quiere comprar todas las piezas,
armar el rompecabezas
de nadie.
Compramos el pedacito que más nos gusta
y cuando se asoman esas áreas oscuras
esos trozos ignotos,
nos asustan.
Es cuando decidimos dejarnos.
Yo le pongo tres meses.

Para dormir

> *Madre, para descansar,*
> *morir.*
>
> Manuel Machado

I

Desconecto una a una las neuronas,
apago el cerebro:
no más circundar cada acto.
Interrumpo la corriente nerviosa:
se acaban los dolores.
Corto las fibras del corazón
y me libero de desasosiegos.
Si no llega el sueño me arranco los ojos,
las luces pasajeras me hacen daño.
Rompo los tímpanos
para no escuchar el grito del césped
y el rugido del monstruo que lo engulle.
Me vacío de mí misma para dejar mi piel,
como un papel arrugado
inmóvil en mi almohada.
Si miro atrás no podré dejarla
sin antes alisarla con las manos
para escribir el poema.

II

Sin mi piel constriñéndome
me interno feliz en la siesta,
vistiendo solo estos músculos,
caminando sobre huesos torpes,
volando con estas alas que asoman libres.

Selección de recuerdos

Extraño la casa tranquila,
los atardeceres desde mi ventana,
la facilidad de la juventud,
la alegría de la infancia.
Esas nostalgias
no me dejan sentir el dolor del golpe
la herida de las palabras.
Y así parece que te extrañara a ti,
pero en realidad
me extraño a mí
cuando todavía yo era posible.

Transcurrir incesante

Hay días que me levanto sigilosa,
camino de puntillas y hablo en susurros.
A media mañana me escondo entre cobijas
para evitar ser vista por las horas,
los minutos
los reptantes segundos
que me espían sin pausa
mientras pasan
para encontrarme despierta y
traer de nuevo el dolor
a mi regazo.

Libre

Hoy hablé con un pajarito de mirada triste.
Su canto deslucido, que ayer era un estruendo.
Las alas recortadas todavía temblaban en el aire:
guardaban la memoria de sus vuelos.
Sus pasos reducidos e inquietos
rehacían el espacio de su antigua jaula.
Quise hacerlo volar,
llevar sus ojos hasta las estrellas,
abrazar ese miedo hasta aquietarlo,
hacer que vuelva la memoria
de sus días sin amo.
Pero él sigue picoteando el suelo seco
añorando la mano que llenaba su cuenco.
Mira a lo lejos y sueña con un bosque
pero agradece los lazos que lo atan.

No nos extrañan

¿A quién le hacemos falta,
ahora que el silencio deja oír
las voces pequeñitas
que se cuelan en las ramas?
¿Quién nos echa de menos,
ahora que la tierra descansa
de ruedas y pistones?
Escucho el susurro de los árboles
y entiendo lo que dicen:
      — ¿Volverán los monstruos?

9 de abril de 2020

Las huellas del tiempo

A veces me quedo inerte en la ventana
viendo las estaciones vestirse y desvestirse,
escuchando las conversaciones de las aves
y el terror de sus presas, la alegría
de quienes se esconden en la hierba
sin entender el árbol.

—No pierdas el tiempo—
          me dice mi voz enclaustrada

Entonces me pregunto por el tiempo
¿A dónde va cuando pasa tan deprisa?
Cuando se pierde el tiempo,
¿Sabe él que está perdido?
¿Buscará la forma de volver?
¿Acaso pregunta por direcciones
o consulta un mapa?
¿Le gustará pasar y perderse sin retorno?
¿Por qué nunca lo buscamos?
¿Acaso comprendemos que una vez perdido
nunca se encuentra?
O tal vez sabemos que el tiempo no se pierde
Se queda en comisuras caídas,
ahondando surcos en la piel,
anquilosado en las junturas de los huesos,

abriendo rotos en las camisas,
descolgando botones,
creciendo como manchas negras en el baño
hasta que te devora.

El muerto

Una conmoción:
había un muerto en la calle.
Desesperada buscaba indicios
no podía ser nadie conocido
Vi un zapato solo sin su pie.
No, no lo conozco
y supe que todo estaría bien.
Luego vi un bulto entre las piernas curiosas
y supe que todo estaría mal para él.
Pedazos de materia me guiaban al cuerpo
Pensé en alguien desvistiéndose:
se quita un zapato y lo tira lejos
se desabotona su piel
y deja regadas sus entrañas.
Y yo pensaba en aquellos que alguna vez
abrazaron el todo, con sus trozos juntos.
Me imaginé a su madre y era la mía
¿Tendría una hermana? Y veía mi cara
Tal vez un hijo, una hija, y éramos nosotros
Y sus amigos eran los míos.
El aire se hizo escaso
respirar era arduo y dolía.
Sentí un daño, como un corte profundo.
Alguien había cercenado para siempre
una rama del árbol de la vida.
Ese muerto era mío,
aunque nunca lo había visto.

Pura matemáticas

Andábamos por el medio
(creíamos que era el medio)
pero no vimos a lado y lado
los cañones profundos ni los montes,
ni tuvimos en cuenta a los viajeros nocturnos y
las aves en vuelo.
Ahora no podemos andar en línea recta:
Tenemos que ir al extremo del valle
Subir las montañas
Bajar los peñascos
Vadear los ríos.

No podemos andar así
porque no llegaremos.
Tenemos que encontrar el medio:
El camino que nos represente.

Entonces debemos cambiar la ecuación
que calcula la media.
Hay que incluir todas las variables:
la diversidad del paisaje,
la belleza
de los caminantes.

Sosiego, sin ciego, sin ego

Hay manchas de basura en mi mapa:
    allí donde estás tú.
He regado con tinta ese pasado.
No te bastó con dártelo
tenía que perderlo.
Con las manos extendidas
te dejé los frutos de mi huerto,
tú arrancaste mis manos
y botaste los frutos.
Harapiento, no distingues el oro
entre otros brillos
No valoras la joya
si no la ves engastada en tu corona
y la dejas perdida,
enlodada por tu propio barro.

Ya no veré más tus huellas en mi senda,
se han borrado
junto con el camino.

No hay victoria si la guerra no termina

Mi acta de rendición
no incluye límites
ni entrega de armas.
Ya no hay nada que ceder,
estoy desnuda.
No hay vencedores
si al final todos caemos
en el mismo abismo.
Seremos sepultados
por las aguas muertas
y consumidos por las llamas
del miedo.
Mi capitulación
es este respirar despacio
con el ristre incrustado.
Es ese dejar ir a los caballos
Es la foto que tomo y no comparto
Las cartas que escribo y nunca mando
Los mensajes de texto que se quedan sin irse
Los poemas que vienen y no atrapo.
Las llamadas
Los besos
Los abrazos
que fueron iniciados
y nunca sucedieron.

Despedida

Dejarte es como quitarme el brazo
y tratar de escribir con el muñón.
Sé que guardas mi pasado y aun así
corto las arterias
y dejo desangrarse las pompas de jabón.
Hemos estado allí donde la espina duele
y el ruiseñor canta.
Pero siempre soy yo
quien cabalga a media noche,
quien grita al pie de la montaña
iniciando el eco del abismo.
Te he esperado por siglos con mi mesa tendida
y en el quieto silencio solo veo mi reflejo.
Eras depositaria de recuerdos de infancia
y llorando, te dejo ir con ella,
cuelgo, y es un lazo en el cuello,
grito a tu espalda cuando se hace pequeña
un adiós sin fisuras: no te pido que vuelvas,
pero diera mi mano, mi brazo, el corazón
por volver a creerte.

Emigrar

Cuando me fui no sabía
que debía desnudarme del pasado,
lavarme de recuerdos y nostalgias
　　en el río de la ausencia.
Mi vida anterior se quedó en la otra orilla
y llegué sin testigos de mi infancia,
nadie que dé cuenta de mis días de columpio,
de mi tiempo de árbol, de nido, de nube.

No puedo convocarles, preguntarles,
debo fiarme de mis propias historias
con sus grietas, ruidos y silencios,
y cuando un olor me trae la fruta y
enredado en su rastro, la memoria,
mi impulso es preguntar riendo:
　　«¿se acuerdan?»
y un golpe de tristeza me anuncia que
aquí, lejos, sólo puedo recordar a solas.
El momento me dicta un poema y se va…
Me he quedado sin nadie que se acuerde de mí.

Extraño ese pasado que nunca fuiste

Siento tanto dejarte,
fresco aleteo de colibrí,
¡pero se nos atravesaron tantos niños muertos!
Entonces recuerdo
defenderme de saetas dirigidas a mi casa,
bombas de tu boca que herían mis calles
rencor escondido hurgando mis camisas,
ojos de burla sobre mis pequeños lápices.
No entender por qué las *cosas*
serían tan importantes
cuando fuimos felices bajo el cielo de agosto
cantar a cuatro manos la clave del Sol,
caminar la osadía de chaquetas prestadas
encontrar los fantasmas en el árido patio
escalar los muros y el aburrimiento
rodar en un vértigo de altas hierbas mullidas
recortar revistas con su foto de estrella
columpiarnos entre risa y lágrimas
y volar juntas sobre nuestros cuerpos de niñas
para entrar en la vida que nos esperaba.
Memorias que laceran cuando ésta que eres
no es esa que admiró conmigo el reguero dorado
de la hierba ondulante,
sino aquella que partió con las *Cosas*.
Niegas el río
donde flotan los pétalos de las flores segadas.

A *veces me voy sin mí*

> *Ayer, ayer me estoy buscando y me extravío*
> *por cuartos en penumbra y corredores*
> *donde hace siesta el sol de los geranios.*
>
> Piedad Bonnett

No supe reconocerme
y salí a buscarme
Fui a muchas partes,
abrí muchas puertas,
me busqué en el frío de los páramos,
en la risa de los ríos
y entre olas de lágrimas.
Incluso en bares sucios
oliendo a cerveza en orinal,
en hoteles con ratas que te desean
cuando sales por hielo.
Nada.
Después de no encontrarme
volví
pero me había ido
Entonces me senté a esperarme
Y aquí estoy
Nada que llego.

II

LO QUE NO PUDO SER
Y ES

Somos volcanes.
Cuando las mujeres ofrecemos
nuestra experiencia, nuestra verdad como
verdad humana, todos los mapas cambian.
Aparecen nuevas montañas.

Ursula K. Le Guin

Pero improbable

Nada me detiene
ni los silencios súbitos
ni palabras agudas:
finos dardos de deseo mortecino
dirigibles en que viajan las copas de vinagre

Porque cuando he podido ser
no he sido
Algo adentro se quiebra,
se tuerce
Algo adentro me esconde la mano
cuando había que tenerla en alto

La palabra se acerca a los labios
sin cruzarlos
se aspira y se esconde en las entrañas
donde arrastra cadenas de imposible
Gime y llora
Fantasma perpetuo de mi impotencia
despojos de esa otra yo
     que fue posible.

Perspectiva

Cuando veas a una mujer cargada y abrumada
no digas: es una santa
¡Qué abnegadas son las mujeres!
Piensa más bien: es una esclava
¡Qué insensibles somos los hombres!
Remanga tu indolencia
y lleva tu carga.

Jubilación

¿Cuándo se retiran las madres a su mar?
¿Cuántas horas deben acumular
habitadas por dolor y olvido?
¿A qué edad pueden cobrar pensión
para irse a su propia vida?
La vida de ellas
La que dejaron en pausa
al maternar

Sin fronteras

> *Las estrellas no temen parecer luciérnagas*
>
> Tagore

Soy agua fluida,
nunca entro dos veces en mí misma.

También soy tierra orgánica
de flores y malezas.

Desierto sediento con reptiles y arañas
escondidas en grietas,
y oasis de mieles
para quien sigue buscando

No sé qué etiqueta pegaron en mi espalda,
ni me importa en qué estante me colocan
en sus ficheros mentales.

Me niego a estudiarme al microscopio
de los juicios verticales

Ser humilde es saberse agua quieta y río.
Entender que en tu profundo
viven las ninfas y las huestes.

Que si un día eres un ciervo temeroso
que escucha la jauría y corre,

también eres la leona enfurecida
que bate a su amenaza de un zarpazo.

Puedo ser árbol enraizado en mis ancestras
con mis ramas alargándose en poemas
y ave rapaz que extiende el vuelo atento
siempre mirando al sol y a las estrellas.

Puedo vivir mil años en mis sueños
y ser por décadas la cigarra escondida:
morir en invierno
y volver,
siempre volver
a cantar sobre la hierba fresca.

Infantiles

Corren los niños a llevarse el pan
que amasaron por horas las abuelas
Reparten sus migajas como si fueran oro
Altivos y codiciosos, nunca perdonan
Se apropian arrogantes de la hechura
y niegan las manos que la hicieron.

Los niños que te llaman y se llevan tu voz
Son los mismos mediocres que te insultan
Cómo es que sus bocas sucias pueden abrirse
en palabras soeces cuando no llegan a tu altura
Sonríes condescendiente y los dejas pasar.

Los niños se trepan y te miran desde los
ventanales,
arañitas asomadas por las rejas con sus ocho ojazos.
En medio del salón iluminado trabajas,
ellos van tejiendo sus redes para atrapar tus horas.

Sentados en sus juegos de hombres grandes
los niños se alteran si no has hecho su trabajo.
Van acumulando tus logros como figuritas
mientras cultivan el rencor de su deseo.

Hecho a mano

El cabello crece
y queda al descubierto lo verdadero
Nos deshacemos de los accesorios
y aprendemos a querer lo imprescindible
Tal vez ya no importen
las raíces blancas descubiertas
Tal vez ahora aprenda
a bastarme por mí misma.
Tal vez aprecie entonces
las costuras de mi madre
la cocina imperfecta de mi infancia
los trucos, las lecciones
que tantas mujeres me enseñaron y
los talentos del padre y el abuelo.
Los sembrados, tejidos, los arreglos,
las pinturas, los muebles, los inventos.
Hecho a mano
será desde este instante
la marca preferida de mi casa.

Sueños aplazados

Tú no ves lo que eres, sino su sombra
Rabindranath Tagore

Tú no te ves desde todas las miradas
Sólo puedes verte desde tus ojos
que te miran en el espejo.
Pero el espejo es plano.
Entonces no te ves,
ves tu sombra.
La paloma vuela en la pared
tus manos enlazadas juegan en la luz.

Tu sombra planea en los muros
se pasea por la calle sin su cuerpo
y le pasan los carros y ella solo se ondula.
Sin sueños sigue siendo oscuridad portátil.

Pero tú eres más que tu sombra
Eres la que salta tus muros,
la que piensa y ama,
la que actúa y sueña.

Te regalo este poema como espejo
para que lo uses desde otros ángulos
y te veas completa.

Entonces sabrás que el día es hoy
el tiempo, ahora
para que el ser que eres
nazca de tu sombra
y suelte los sueños atrapados
y entienda la historia de tus vuelos.

Aritmética de los deberes

Llevamos tantos días estancados en domingo
todos en casa, guardándonos,
compartiendo sin pausa el mismo aire,
y las tareas de llevar las cosas nimias
que al vivirlas sin reposo se vuelven importantes,
urgentes, casi,
como lavar los platos
limpiar las huellas de nuestro paso
recoger nuestros restos:
lo que vamos dejando cuando vamos viviendo.

Hace poco —se siente como un siglo—
salíamos a vender nuestro tiempo
y acordamos entonces hacer cada uno
la mitad del hogar
cada uno tenía en su cabeza la lista de deberes
Pero tu lista eran cinco cosas
la mía eran cincuenta
Así que nunca
la mitad fue la misma.

Ahora somos todos testigos del desgaste
No hay escape: la casa no se mantiene sola,
no hay excusas de tiempo, de importancias,
de roles.
Es probable que entiendas lo que se necesita
para el privilegio de inventar nuevos sueños.

Es la carga de Sísifo: hacer una tarea
que nunca termina y nunca avanza,
un día y otro, todos los días
empujamos esta piedra invisible:
Nadie la ve, nadie la valora
Tampoco entienden de sudor y agobio
pero si la dejamos rodar nos aplastaría
Tan pesada y enorme es esta carga.
Se necesitan manos que empujen.

También se necesita escoger bien el peso
que llevamos a cuestas:
No todo es importante.

Cuando *dos* deciden compartir la vida
también deciden compartir su entropía.

Privilegios

Hay puertas que se abren
y una vez franqueadas las dejamos atrás
No vienen a golpear en la memoria
para volver a entrar.

Los pequeños empujones
que nos echan a andar,
las puertas
las ventanas
que un día alguien abrió,
los brazos que nos halan
o sostienen las cargas:
— el cuidado de otros,
        del cuerpo,
                los quehaceres —
van quedando atrás.

Hoy vuelvo la mirada
y agradezco.

Historias del fuego

¿Por qué hierro, obsidiana, piedra?
Materias duras

Nunca fibras, hojas, lanas
Materias blandas

¿Por qué puntas, flechas, lanzas?
Formas fálicas

Nunca mochila, canasta, cuenco
Formas cóncavas

¿Por qué arrojo, fuerza, sangre?
Dominación

Nunca desvelo, cariño, cura
Cooperación

III

SEMILLA AZUL
DE AIRE EN MIS ENTRAÑAS

Y para colmo, esos horribles poetas, Platón,
virutas de las estatuas esparcidas por la brisa,
residuos del gran Silencio en las alturas…

Wislawa Szymborska

He dejado mi esencia en cada letra

La palabra vuela entre los libros,
cae en tierra ávida
y nace el poema en mis entrañas.
Las manos lanzan el verso,
semilla de aire que se arraiga en la tuya
y florecen verdes las palabras nuevas.
Encerrada en el fruto, la promesa,
que te hará temblar desde tu piel
que no puedas olvidar el verso que te ronda
y cuando sientas la sangre sublevarse,
sabrás que es el poema
que te recorre azul entre tus venas.

Ramo de versos

Si me regalas un ramillete de palabras
está en mí decidir su buen uso.
Puede languidecer junto a mi cama
y despertar con pétalos turgentes
en palpitante anticipación.
Puedo ponerlo en el altar de un dios
que a cambio me conceda tres deseos.
Puedo votarlo a la basura junto a las horas tristes,
los frutos vencidos y las pieles viejas.
O sembrar cada palabra en un poema
y verlas florecer.

Grietas

> *There is a crack, a crack in everything*
> *That's how the light gets in.*
> Leonard Cohen, "Anthem"

Acostumbrada
a buscar las grandes voces
¡Libertad! ¡Igualdad! ¡Amor!
Se me olvida que la poesía
nace allí donde el mundo se rompe.
Su luz se cuela por el resquicio
de puertas cerradas.
Se escucha
en voces pequeñas
a través de las rendijas:
es ese diente de león
tan bello
tan perfecto
tan necesario
que crece en
un milímetro de tierra
en las fisuras
de esta gris vastedad
insoportable.

ESL: English en el Sótano de mi Lengua*

A veces me despierto
con mi inglés en el sótano.
y entonces tengo que bajar
por escaleras tortuosas y oscuras
para buscar a tientas las palabras
que se esconden entre radios viejos,
muebles rotos y espejos mohosos.
Encuentro cajas de disfraces antiguos
y me topo con el gorro de Robin Hood,
la máscara del Fantasma de la ópera
o la calavera de Hamlet,
pero no encuentro los utensilios cotidianos,
las palabras que necesito cada día se esconden
en rincones oscuros.
De pronto escucho chillidos y pasitos ligeros
que cruzan frente a mí
pero no veo las palabras escurrirse entre las grietas.
Entonces me siento en el suelo frío
con un trozo de queso, a esperarlas.

*ESL es English as a Second Language, el nombre del
programa de inglés para los inmigrantes.*

Ablucionistas

En su río de palabras
nunca entro dos veces
en el mismo verso:
en cada ablución
germino bellas ramas,
novedosas sinapsis me transforman
y soy yo, pero en perpetuo asombro.
Dejo mis hojas secas
irse en la corriente,
mientras floto en inéditas metáforas.
Primavera de soles rojos
Invierno de fuego cálido
Estación permanente
para quedarse.

Ensemble de poetas

¿Les ha pasado?
Que un día sienten el amor haciendo nido
como una plantita luminosa que se prende adentro,
pequeñas raicitas se aferran con ternura
a las grietas desérticas
Hablo de un amor colectivo, una fiesta del afecto,
un país sin límites:
sus únicas fronteras son los abrazos.
Cuando nombro a sus habitantes
se enciende la plantita
y crece en ramas versos desmedida
hasta que me agranda para caber.
Hay un reguero de palabras
un derroche de luz,
cierto calor difuso
que derrite el olvido.

La indiferencia es un gusano que me roe

¿Adónde voy?
si fuera de la palabra no hay descanso.
Pero esta noche
tengo insomnio en el verso
Las palabras rebotan en el blanco,
disparos que se incrustan en mi carne,
dolores que horadan mi precaria paz.
No puede haber sueño en el estruendo.

Abre el grifo del poema
que me ahogo en palabras apresadas
apaga ese espejo,
por favor
no puedo verme más
cierra las luces de tus ojos,
por favor,
y déjame dormir.

Seguir o no seguir

He tratado de matar a la poeta.
La lleno de basura,
la dejo abandonada
entre las horas muertas:
tiempo fácil
en mala compañía.
Le digo que no vale la pena,
que su escritura es *worthless*
inútil,
sin valor,
estéril.
¿Para qué seguir intentando?
¡Ya cállate!

Pero ella solo se acurruca por un rato
fuera de mi vista
Y cuando menos la espero,
allí está
contemplando el silencio que se nutre
en la oscura oquedad entre palabras,
halando con sus manos
la ínfima luz que hiende la neblina,
bebiendo ávidamente la música de un árbol,
regalándome esta paz
que no merezco.

Nadie quiere escuchar de poesías

¿Cómo puedo hablar de lo que duele
si a todos, todo nos hiere?
Los poetas escriben y no leen
y no es posible publicar mi llanto.
Yo lo seguiré gritando
en mi rincón solitario
aunque no puedan verlo.
Algún día las palabras nacidas
del dolor compartido
encontrarán su audiencia
entre sus semejantes.

De lejos

I

Nos miramos tan distantes,
tan adustos,
apenas asomados en ventanucos tristes.
Te leo
y tu rostro sigue inmune
al calor de mi aliento.
Me lees
y tu voz suena equívoca,
a teléfono roto.
La risa es desterrada por impropia
y por incomprensible.

Los *Muppets* en sus teatrillos fruncen el ceño
ante la plétora de versos y palabras vanas,
solo podemos decir lo imprescindible.
Nos alegramos de vivir en este siglo
y poder reunirnos en las nubes,
acortar distancias, incluir al lejano.
Pero lloramos el dolor de haber perdido
la algarabía del encuentro dulce.

II

Vuelven a convocarnos en la nube.
Voy agreste urgida de poesía
al collage que me refleja en sus cuadrículas.
Este rostro viejo que conozco
me sorprende
no es el mismo que me mira en el espejo
moscas de dudas zumbando en los oídos
perro lamiendo la mano que lo espanta
muros de indiferencia
techos sin cielo
No respiro tu aire
pero huelo el desdén.
Seguiré intentando.

El negocio de un verso

No basta la prestidigitación de las palabras
Ni sacar del sombrero
bellas metáforas inauditas
Hay que arar la audiencia
Ser querido
Así: Q U E R I D O
Y no estoy hablando del universal
esa O siempre importa.
Repartir sonrisas y alabanzas
en la exclusiva fraternidad de los eones
O si no
bajar escotes, subir ruedos
batir pestañas y menear caderas
Impostar la voz, hacerla flauta
oboe, saxofón sensual.

Incluso en el asunto del poema
que es tan transparente:
sumergirme desnuda
en el agua de un verso
escuchar las estrellas con ojos deslumbrados
recoger las flores que crecen en las grietas,
perforar la tierra con la lengua
para declarar la maravilla…

Qué cansancio el lobby de las palabras
Ser lagarto
Loro
Sapo
Burro en la recua
Cadena de Ouroboros

Yo solo quiero escribir y compartir poesía
pero como en todo negocio humano
hay que saber del tráfico de influencias

IV

MATRIA
EN CONSTRUCCIÓN

Tengo un dolor aquí,
del lado de la patria
Cristina Peri Rossi

Patria:

Lugar encantado
que me ha robado el lirismo
y las palabras bellas.
Cuando quiero escribir del amor
solo veo tu rostro descarnado.
Vuelvo a tus montañas a recordar el verde
y lo encuentro a pedazos.
Me dejo flotar entre tus cristales
que afilados decapitan las memorias
y pasan sus restos flotando hacia el olvido.
Quiero que me des la miel
de mis nostalgias
Pero sólo desierto y sal
he recibido.

Un poema de amor

A Colombia

Necesito escribir un poema de amor:
Tal vez tocarte con las yemas de los dedos
y besarte con el aire de los labios y mi lengua de
fuego.

Necesito que pienses en mí, cuando no soy nadie
Cuando estoy cargando agua y moliendo vida
Cuando aro el camino y no nacen flores
Cuando bogo tus venas con el duelo de mayo
Cuando devuelvo al río el agua de sus lágrimas
Cuando abrazo el cuerpo tan pequeño
        de los muertos tempranos.

Ayer pensaba en el dolor de un sueño agónico,
hoy me ves cuando te grito
y un rayito de sol nace en las manos
        las nuestras, enlazadas cuando caminamos
Miro atrás y te pregunto:
¿cuántas veces podría dejar
que me rompas el corazón en mil pedazos?
Infinitas.

Porque eres la oquedad de mis raíces
y el museo de mi memoria.

Porque guardas la sangre que me vio nacer
    aunque niegues mi vida
    y separes mis ramas.

Hoy trataba de escribir un poema de amor
pero solo me llega el dolor de las detonaciones.

            9 de mayo de 2021

Exportación

Pobres países
donde llegó la muerte navegando
entre el hierro y el hambre
y se ha quedado en los clubes y las salas de juntas
entre cristal y seda.
Niños malcriados que venden el futuro
por un mísero plato de mentiras,
pero dejan vacías las mesas de sus hijos.
Tantos huecos de tierra
donde una vez hubo patrias
por todo el continente:
zanjas, trincheras, fosas comunes.
Allí sembraron las semillas
de estos árboles de muertos que
cosechamos ahora.

17 de julio de 2021

Pueblitos viejos

No conservamos los pueblos pequeños
recostados en las faldas
de montañas perfectas:
Pensativos, bucólicos,
las postales inmóviles
de un tiempo sin futuro.

Los dejamos crecer fuera de sus cuerpos
convertidos en pulpos,
monstruos teselados
reptando en las ramas
de la rosa de los vientos
Como cometas estrellados
Como un reguero de cemento sucio
en las faldas raídas del olvido.

Tierra feroz

Quisiera dejar de evocarte en mis poemas
    —matria triste—,
pero a la hora del recuerdo
en la quieta duermevela de mis noches,
eres tú quien se impone.

Cuando mi corazón amanece en la montaña
se escurren mis nostalgias en tus cerros
y vislumbro mi infancia persiguiendo colores
Pero el estallido de las bombas revienta la memoria
y prefiero la amnesia.

Cuando el día nos tortura en un tórrido abrazo
me recuesto en la siesta
y se mecen mis sueños en hamacas perdidas
entre robles y palmas
pero ráfagas de desaparecidos me velan
con sus ojos abiertos.

Cuando el canto del agua me guía a sus entrañas
me siento en la orilla a buscarte en el tiempo
Nado rememorando tus corrientes
donde mi vida se sumergió en dulzura
Pero baja flotando tu nombre en roja espuma,
mutilado en sus sílabas.

Eres mi paisaje permanente,
la película de mi infancia velada por el duelo
     y el rugido de guerra como banda sonora.

Es tan difícil amarte en la distancia
cuando quiero mirarte
     y sólo veo el monstruo que te habita.

                 12 de septiembre de 2021

Mayo desde siempre

A los jóvenes Colombianos
de la Resistencia
7 de mayo de 2021

No hay palabras que alcancen a explicar
los estallidos de la noche,
relámpagos dolorosos,
    luces muertas antes de llegar a tierra,
    ruido de truenos desbocados que no dicen nada
Porque tormentas como éstas hemos vivido tantas
en tantas otras noches sin estrellas.
Pero ahora es distinto
cuando la oscuridad que imponen
    se rompe con fogonazos que ensordecen el cielo
Porque somos un país de vértigo
    que cae eternamente y nunca llega
La tristeza siempre es doble, triple… ¡infinita!
porque los jóvenes son asesinados
una y otra vez,
    hoy, ayer,
        en guerra, en paz,
            en tiempos de falsa ventura
Las madres lloran por sus hijos
    en un cuadro perenne
        —La dolorosa hincada para siempre—

Y es la negación de sus muertes
    después de despreciar sus vidas
    y no dejar un resquicio a sus sueños.

Y es escucharte hablar:
        — A ti —,
que compartimos
    mesa, juego, infancia,
        un pedazo de pan en un recreo,
            una risa inoportuna y su castigo.

Tu discurso hecho de lemas
palabras con marca registrada
corazones blindados
ojos que se esconden detrás
    de parapetos de periódicos
oídos que escuchan las arengas radiales
      y suben el volumen para no oír los gritos
        ni el tronar de la vida que nos deja.

Otro ciclo en la espiral de la historia

Vuelvo a volar sobre mi tumba abierta
Vuelvo a sentir el dolor de ser la rama rota
    del árbol que se seca al pie del lecho
—caminos de los ríos que han dejado sus aguas,
espectros de recuerdos que boquean al aire—

Me acerco a mis raíces, todavía en la tierra
Les hablo entre sollozos
Las riego con palabras desarmadas
Les doy mi corazón sin sus costillas
Les entrego mis brazos y sus manos

Nada quieren saber las ramas viejas
Nada absorben sus raíces secas
Niegan el río viendo el cauce muerto,
Niegan el agua de ayer, su dulce vida,
aún con la frescura entre los labios.

Dime cómo dejar que vuelva el canto
de los pájaros, los colores irrumpiendo
el incesante verde.
Dime si puedes ver la danta triste
cuando olisquea su antiguo abrevadero.

Me siento en la ribera, ahora duna,
con el peso de memorias empozadas.

Una a una las dejo que se vayan
libres sin su capa artificiosa,
     vuelan
Y caen,
lluvia clara que rebosa grietas,
y reconcilia sus bordes fracturados.

        25 de mayo de 2021

Quince años en la plaza

En octubre de 2006 mi hijo me llamó y me dijo:

"Me mandaron matar a dos muchachos
para hacerlos pasar por guerrilleros".

Dos semanas más tarde
me lo entregaron muerto y torturado

Raúl Antonio Carvajal

Soy esa ciudad mugrosa que no te quiere
las calles que te dejan pasar pero te aíslan
en el miedo y el hambre
El asfalto que se pega a tu carruaje de muerte
Las baldosas que cuelan en sus grietas
tus lamentos
floreciendo hierba maldita.
Ya no puedo verte llorar.

Tu dolor me recuerda mi pérdida
cuando era un sembrado de chozas y un río bello
Eres padre de un hijo muerto
Yo soy madre de un pueblo ido
Te han matado a tu entraña
Te han dejado huérfano de herencia
Te has quedado sin título, sin nombre
No hay cómo nombrar la amputación última:
La pérdida del hijo.

Los buitres en mis palacios
han devorado tu semilla próspera
Has venido a sus nidos mostrando la herida
pero te arrebataron su cuerpo desgonzado
y sigues caminando tu luto por quince años.

Buscas un testimonio que sane
el dolor de tus ojos sin llanto
Pagas por oír de otros
el último aire que exhalaron sus labios:
si se hizo palabra o ruego o suspiro.
Quieres saber qué vio
dónde estaban sus manos y sus sueños,
a donde fueron sus pensamientos
cuando una mano cercana les disparó en el centro.

Pides justicia o, al menos, la verdad
No encuentras las migajas que dejaron tus genes
para que los hallaras en la memoria viva
Solo el cuerpo vacío de tu dolor sin bordes
sembrado en el país sin límites ni fondo.

19 de junio de 2022

Presidente ausente

El presidente
es presidiario
de los poderes reales
¿Quién manda aquí?

El presidente
es residente
de su cárcel televisada
¿Cuándo se asoma a su país?

El presidente
es invidente
y sordomudo
¿Cuándo va a ver
a hablar y a escuchar?

El presidente
es disidente
de sus protectores
¿A quién pondrán?

5 de mayo de 2021

El arrullo del río

¡Despierten! ¡Despierten!
¿Cómo pueden dormir si han matado a mi hijo?
¿No escuchan acaso la tormenta en las calles?
¿No alumbran sus ventanas los cometas de tierra?
¿No sienten el dolor de su cuerpo en el agua?
Arrorró mi niño, te meces en sus brazos,
duerme, amor mío,
en el río de mis lágrimas.

14 de octubre de 2021

Siloé

Pueblo alegre regado en la montaña
como un pesebre iluminado…
Pero esa madrugada
sus luces no alumbraron la sangre de las calles
No hubo luna esa noche
La noche que apagaron las estrellas
La horrible y triste noche que no cesa

9 de mayo de 2021

Lucas Villa

¿quién ordenó cortar tus alas
de guerrero amoroso?

Jesús Abad Colorado

¿Cómo alguien pudo apuntar sobre tu cuerpo alegre
y destruir tus sueños y esperanzas?
Dime ¿qué imaginabas cuando pensabas en
mañana?
No puedo soportar que te dejaran sin tiempo
para seguir bailando.
«Nos están matando» nos decías,
lo sabíamos y no lo impedimos.
«Dios los bendiga, no pasa nada,
nos recordamos en los corazones»
Hay almas tan tiernas
que cuando el mundo las echa antes de tiempo
se quedan a vivir en la memoria.

9 de mayo de 2021

La paz de los inmóviles

La paz de lo que está establecido, no lo movamos,
todo está en equilibrio:
tú estás abajo, yo estoy arriba. Así yo quiero mi paz.
Pero si tú te mueves, me desestabilizas,
entonces tú eres enemigo de mi paz.

—Esa paz no me sirve, no me sirve esa paz.

Jesús nos cubre con su preciosísima sangre
pero sólo a nosotros,
a los que amamos a las mujeres pero en su sitio,
a los que amamos a los pobres pero en su clase,
a los que amamos a los indígenas pero lejos, en sus
tierras cercadas,
a los que amamos la paz de lo que está quieto y no
se mueve.
Los demás, que se cubran con su propia sangre.
Si Jesús derramó su sangre para salvarnos
ahora hay que dar la sangre de *esos* otros para
salvar a Jesús.
¡Que viva la guerra!

—Esa paz no me sirve, no me sirve esa paz.

5 de mayo de 2021

Invisibles

Un hombre joven es asesinado
Lo saben los testigos
Lo saben sus amigos y familia
Lo sabe el que apuntó su arma y disparó.
Lo ignoran los periódicos
Lo niegan los políticos
Lo desprecia la gente
Es el doble crimen:
Su muerte y su olvido.
Cada vez que es negada
su muerte vuelve a repetirse.

5 de mayo de 2021

Flores de mayo

Hordas de escarabajos acorazados
volaron y reptaron por el valle
infestaron la sabana
treparon las montañas.
Sus mandíbulas feroces
destrozaron los cuerpos
se los llevaron
escondidos a donde no llega el sol.

Recordar a quienes fueron devorados
en medio de tormentas de humo
y lluvias de plomo.

Dime sus nombres
Vamos a recitarlos uno a uno
Nombres que son poemas
Poemas vivos que alumbran
para que cese la noche
y no puedan nunca más
apagar las estrellas.

1 de junio de 2021

No sé

Cómo volver desde el país dormido
Deslizarse otra vez dentro de un cuerpo
Caminar erguida entre fantasmas mudos
que te miran celosos
Cantar una canción de cuna en la marisma
Volver a saludar con aire cálido
Inclinarme sobre las hojas mutiladas
Mover los cáñamos que sangran lágrimas
para formar palabras que nos salvan.

Descorrer los velos para pintarte

A Manuel Ramírez Mosquera
líder social y reclamante de tierras
asesinado el 17 de agosto de 2017
en el Chocó.

Te busqué entre las nubes que pueblan mi ventana
Navegué con ardor en ríos rojos que se bifurcaban
        como venas abiertas.
Aparté el follaje de la selva con mis dedos sedientos:
        árboles derramados en silencio de sílice
Seguí tus pasos por líneas azules y ciudades planas
y encontré a tus vecinos entre
muros de miedo
Vi las faldas floridas, los rostros de la tierra,
niñas y niños libres con la piel en el agua,
pero de ti
        nada
ni un recuerdo, ni un llanto,
solo el terror callado de que sepan que saben.
Encontré tu nombre recostado en un muro:
un expediente frío que velaba tu ausencia.

No veré tus ojos de dolor ni tu risa
ni escucharé tu voz obsequiando palabras
        alabao, Truandó, quimbiombo, Salaquí,
          cambambero, arrullo, madroño, borojó
Tengo que imaginar de ti lo que no sé:
tú como hermano,
    amigo,

amante,
    campesino,
        sembrador,
            cuidador de la tierra
Tú y 300 familias
    con la muerte silbando, tras el sueño
        de arado donde el tinamú
           aún canta.
Tú con millones
    volviendo al origen,
        haciendo un sendero con los pasos de paz.
Tú,
    reclamando el surco
    donde sembraste alas perladas de rocío.
Tú, confiado,
bogando en tu panga abierta,
    —vientre y hamaca—
sin saber que en el verde luminoso
    acechaban los buitres
Tu hermano junto a ti sintió abrirse el aire,
        ráfagas de duelo zumbaban en tu cuerpo.

No llegaste al muelle de casas de colores
en el río oscuro te alcanzó la silente
la inmóvil, la definitiva,
    para siempre.

Allanaron los campos, apagaron tu voz,
quieren borrar el río y sembrar espejismos.
Al final esa tierra te reclamó y te cubre
abrazando tu cuerpo para hacerlo semilla.

Reconstrucción II

Cómo resucitar una paloma
sin tirarle a las escopetas,
cómo dejar de llorar sobre su cuerpo muerto,
cómo se viaja en el mapa de la Guerra.
Hay que dejar este lugar de las palomas muertas.

Cómo se sale de la fosa
en este cementerio de palomas
si no hay ninguna mano afuera
que nos hale
nadie a quien le importe
lo que llevan las tumbas.

Haré una escalera de libros
peldaño tras peldaño
Empezaré en Neruda
con Kant y Schopenhauer
me impulsaré en Peri Rossi
y en Szymborska y Bonnett.
Buscaré semejantes
entre quienes salieron
de este hedor, a respirar.

Me subiré a la escala musical
empezaré con los bemoles tristes
y terminaré con un allegro
en una escala mayor

y la música será la que me jale
Por eso traigo a Schopenhauer
       — con todo y su miopía —
A veces no hay más remedio
que estar de acuerdo con los perros
no cuando le ladran a la luna
ni cuando le gruñen a las caminantes,
sino cuando aúllan en la noche con ellas.

9 de mayo de 2021

V

DEMOLER LOS MUROS
DE PALABRAS

De niña me fue dado mirar por un instante
los ojos implacables de la bestia.
El resto de la vida se me ha ido
tratando inútilmente de olvidarlos.

Piedad Bonnett

Corta semblanza rural

Con la guerra asomando su entraña
Nacimos

Con la guerra respirando en la nuca
Vivimos

Con sus cilindros huecos mirándonos
Morimos

La guerra en las pantallas

Busco en los escombros
y descubro palabras:
Muerte, Justicia, Inocentes,
pero ya no encuentro la poesía
¿Se nos han gastado los poemas,
como las oraciones y los buenos deseos?
«*Thoughts and prayers*»
«Te recuerdo en mis rezos»
«Bendiciones»
comentamos en el triste video,
antes de la risa y la envidia
de los memes y los chismes.

Ya no ofrezco más lemas vacíos
sin acciones.
Si voy a mandarte mis buenos deseos,
te mando también mi compromiso,
mi parte de culpa,
mi pequeña decisión de cada día
de abolir al tirano.

Levanta ese muro en la frontera

Hay murallas creadas
por silencios,
Palabras que nos encierran
en lo que no somos
Cada vez que nos señalan
con sus voces
un muro se levanta.
Barreras invisibles
sin concreto y metal
No podemos escalarlo,
ni destruirlo, ni rodearlo.
Nos amurallan en significados
que nos despojan.

Lanzan mentiras con fuerza:
Ladrillos construyendo muros
estrechando mentes.
Coliseos romanos
con nosotros en la arena
y el pulgar del emperador siempre hacia abajo.

Armados de tesauros blandimos las palabras
para romper muros y construir puentes

Palabras precisas que nos darán
        nuestros verdaderos nombres.

8:46

Porque todas las vidas importan
en especial aquellas que nunca han importado

Hoy vi las nubes rojas entre las ramas ocres,
el cielo explotando de belleza
«*Wow, it is just breathtaking*» pensé
y no sé lo que es quedarse sin aliento
ocho minutos y cuarenta y seis segundos

Me abrazas y susurras:
«*You take my breath away*»
y no sabes lo que es quedarse sin aliento
ocho minutos y cuarenta y seis segundos.

La vecina me cuenta algo terrible
«*I nearly choke*» dice
Y no sabe lo que es sofocarse sin aire
ocho minutos y cuarenta y seis segundos.

I can't breathe
No puedo respirar, han dicho
Y nadie entiende

Cuando hay fuerzas de odio que estrangulan
y las bocas no pueden abrirse libremente
no puede entrar el aire necesario
no pueden salir las palabras justas
no pueden comer pan los más pequeños

¿Por qué la rodilla en tierra ofende
y no nos aterra la rodilla en la carne?

Con el aliento entrecortado
El peso del odio oprimiendo la garganta
El peso del odio oprimiendo un cuerpo
El peso del odio oprimiendo un pueblo.

8 minutos 46 segundos

¡Ocho minutos cuarenta y seis segundos!

Ocho horas
Ocho años
Ocho lustros
Ocho siglos
y nos quedamos cortos
aguantando la respiración.

La vela sigue ardiendo

A Jack Hirschman

Porque la vela es esa luz que queda
cuando las grandes lámparas nos fallan,
fuera del foco de atención donde
persiste el círculo de lealtad.

Fuera de la corriente principal está el camino:
        relieve que proyecta luz y sombras.

Velas a mano para encontrar la ruta
y ver los rostros reales de los viajantes.

Fuera del circo de piedra
Cariátides por siempre haciendo frente a nada.

Lejos de los poemas escritos con oro
y los libros impresos en billetes.

In Love we trust.

Fuera de la «dolorosa indiferencia» de los corazones
de las frías «cosas en las que nos hemos convertido».
Fuera de las lindas pasarelas de ladrillo
alrededor de las letras griegas.

Solo saltando y jugando
en jardines con *manténgase fuera del césped.*

Tú serás la vela
y el diente de león que no se puede arrancar.

Has ganado mi voz

A Roque Dalton

Pediste no pronunciar tu nombre en tu partida
y aun así te llamamos de distintos parajes
te convocamos en todas las edades
vamos por los caminos con tu nombre en los labios
y el dolor de un disparo que nació de un abrazo
—escapaste mil veces de la muerte enemiga
pero de los amigos no hubo salvación—.

Tu alma atomizada acude en cada verso
y en medio del silencio tú me sigues hablando
No hay oscuro reposo para quien quiso tanto
ni te irás a tu muerte mientras viva el poema.

Estos días

El futuro a veces viene despacito.
Lo vemos desde lejos acercarse
    como un tímido hurón
Parece que nos mira, huele el aire,
    se deja ver y se esconde
y, de pronto, ya está a nuestros pies
    hurgando en las migajas.

Pero ahora el futuro viene en estampida:
días pesados que corren en manada,
rinocerontes furiosos que no se arredran
aunque sean pisoteados y dejados atrás,
como insectos rotos,
insustanciales manchas en el matamoscas,
filas vacías en el almanaque.

Estos días pasan frente a mí a toda máquina.
Retozamos en la hierba y en el último instante
nos sorprende su ruido desbocado
    —el temblor en los pies
       de la tierra cediendo a su embiste—
y pasan todas las cosas como
       huyendo de algo
una tras otra,
en un tren incesante de desgracias.

            20 de julio de 2020

Sin ceremonia

A los Muertos por Covid19 que
fueron enterrados en fosas comunes
en Nueva York, abril 2020

No hay procesión que lleve tanta pena
porque no hay procesión en absoluto.
Cuerpos escondidos en camiones,
cajas de pino amontonadas,
sin almohadas de seda,
sin adioses ni miradas por ventanas morbosas.
Nadie tomó las manos del que parte.
Nadie escuchó su último suspiro.
Los tubos se llevaron sus palabras
que murieron silentes en las máquinas.
Los oídos a quienes iban dirigidas
se preguntarán por siempre
¿qué dirían?
No hay lágrimas en su entierro,
sólo sudor y aliento rancio enmascarado
de contratistas pagos,
cuerpos enfundados en soledad blanca,
bocas que esperan volver a la cerveza.
No hay rituales, ni velas, ni palabras.
No hay ministros, ni pastores
que siguen con sus manos extendidas
recibiendo los diezmos.

Sospecho que no hay nadie esperando
la llegada de tanto pasajero.
Creo que los dioses dejaron sus reinos,
espantados.
Ellos también están en cuarentena.

11 de abril 2020

Duelo

El día pasa triste
cuando la muerte ronda en los cercados
Aún la gente que nunca entró en nuestros dominios
quien pasó de largo ante la puerta abierta,
quien no quiso probar el agua que ofrecimos.
Aquellos que en la fiesta nos negaron el vino,
y miraron sin vernos:
Fuimos transparentes a sus ojos.

Aún ellos pueden echar un velo en la ventana,
llevarse el sol por un momento
y oscurecer el tiempo
Porque la muerte siempre es esa guillotina
que no perdona, ni deja fibras juntas.
Cercena de golpe toda expectativa
de aclarar la historia,
deja un reguero de palabras mudas
y todo amor posible
se desangra.

Lo que has de dar,
dalo ahora.

La vida sigue

Tal vez después de todo venga la primavera
aunque llegue pequeña y no se quede,
aunque no traiga el aire fresco ni el rocío
aunque estemos cansados de tanto Apocalipsis
y hayamos olvidado que vendría.
Pero vendrá
Porque la vida pulsa por salir
rompiendo el uniforme abrazo de la tierra
Con sus briznas de lanzas
Y su fuerza de pétalos.

La pantalla no refleja el mundo

De verdad dejémonos de bobadas.
La vida es corta y el tiempo no espera.
Para qué seguir repitiendo como loros lo que otros
les dicen.
Hablar en consignas aprendidas,
eslóganes de la moda de turno con insulto incluido.
Dejen esa moledora de odio,
saquen sus cabezas del horno encendido.
No más palabras feas e idióticas,
no más ver las cosas a través de filtros rotos.
Quítense las gafas de aumento
y salgan a ver la vida en su gloriosa realidad.
Las hormigas son hormigas,
los burros son burros,
las moscas son moscas,
los peces son peces.
Miren sus cabezas, sus patas, sus ojos,
si tienen alas o pelos o escamas
y podrán diferenciarlos.
Duden cuando viendo un gato alguien les diga:
¡Es un lobo!,
duden cuando oliendo el humo alguien les diga:
no hay fuego.
Duden de los que hablan mucho
Duden de los que callan en un rincón
Duden de los que gritan

Duden de los que creen en verdades reveladas
Duden de los que se sientan en su opinión
Duden de este escrito que no es poema
Y crean
crean en la gente, en los perros, la flor
los corales, las abejas, el cóndor, el azul
Pinten, escriban, bailen, canten,
toquen la guitarra, el piano, creen algo nuevo
Piensen, lean, hablen, platiquen
discutan, argumenten, dialoguen,
conversen, tertulien, departan
reciten, recuerden, rían,
con ese otro tan distinto
Se van a sorprender de verlo humano:
su egoísmo, su arrogancia, su humildad,
su envidia, su amor, su dolor
su pasión, su desidia, su fealdad
su hermosura, su talento, su ignorancia,
su pereza, su erudición, su ciencia,
son apenas espejos.
Siéntense con sus reflejos
y hablen de sus vidas.
Sus vidas.

Preguntas y respuestas

Bondad viene de bueno
Y bueno viene de *deu* que significa hacer
    y eficiente
O sea, el que hace lo que tiene que hacer
    según su propósito
Así decimos:
Este es un buen carro
Y esas mesas son buenas
Porque son lo que tienen que ser
    según su naturaleza
¿Es bueno el tigre, la araña buena?
¿Somos buenos?
Todas las criaturas somos buenas.

¿Pero somos criaturas bondadosas?
Lo hemos sido
Cuando en la tribu había hambre y frio
hemos dormido abrazados
    rodeando a los más débiles
hemos dejado un bocado
    para sumar al plato del enfermo.
No es de débiles, la bondad
Fuertes quienes pueden dar sin derrumbarse.
¿Somos bondadosos ahora?
Si nos ajustamos a nuestra naturaleza
¿Cuál naturaleza?

La naturaleza para la que somos
¿Y qué somos?
Lo que queramos ser
¿Qué queremos ser?
Esa es la respuesta.

Año nuevo

Aun sabiendo que hoy nada termina
y mañana nada empieza en esta elipse
en que corren los días
    — o más bien,
        entendiendo
    que las mañanas mueren viejas en la noche
    y cada día nace nuevo del cascarón insomne,
    con todos sus minutos prometiendo el estreno —
jugamos el juego del almanaque,
arrancamos la última hoja como
lágrima en fiesta:
un poco de alegría,
un poco de nostalgia,
un dolor hacia dentro por cada despedida,
y abrimos el siguiente como un pastel de crema
tan suave e inexplorado,
nada lo ha tocado,
con sus días perfectos esperando
nuestra imperfecta impronta:
Amor arando el surco de su tierra
y actos que los dejen cincelados
en nuestro calendario.

Futuro

Volverán los días con sus soles,
los vientos alisios y sus árboles,
los rumores de mares y zumbidos de abejas.
Volveremos a sentirnos en los dedos,
los brazos levantados y los dientes expuestos.
Bailaremos de nuevo en las lluvias de abril
y entre cometas locas volarán nuestros sueños.
Volverán los pies al sendero de altura,
entre arbustos y hierbas y flores amarillas.
La risa volverá a doblarnos inconscientes
y el mar rebosará feliz en las miradas.
Pero en el fondo, detrás de la alegría, lo sabremos:
Nos acordaremos cautos de aquella soledad,
aunque la hayamos dejado allí
          a donde
no volvemos.

La alegría de llegar al alba

Sobreviví a la lluvia en el tejado
al ulular de sirenas en la niebla
a la noche sin luna y sin reposo
a los días deslizándose en cadenas
No me dejé morir entre cubículos
ni desfallecí en el bus hacia el olvido
ni me mató el desierto sin montañas.
No sucumbí al hastío en la abundancia
ni a la música ajena ni a la fiesta.
ni desesperé ante el silencio de palomas
Estoy aquí en los huesos
hurgando en mi mochila las boronas
que no cupieron en los sacos rotos
de quienes se llevaron los abrazos
Nunca pudieron despojarnos
de nuestra última, minúscula esperanza.

La esperanza que viene

Tenía una esperanza pequeñita
salamandra escurridiza en el camino
debajo de las piedras y las ramas
Había que buscarla en la hojarasca
Levantar los obstáculos
Arañar el desierto
Y de noche dormir sin ella
Ahora mi esperanza viene enorme
Con pasos de montaña agreste
Caminando de la mano del pueblo
Río que canta bajando en la Sierra
Ahora es negra y regia mi esperanza
Es canela y verde y fabulosa
Con su cara de achiote
Y su cabello de selva
Huele a tierra sembrada
Y a fruta dulce y ácida
Con sus manos callosas
y sus pies danzantes
Tiene raíces de árbol y
Sueños de nube
Viene como una lluvia
que moja mi cara
Y no viene sola.

28 de abril de 2022

ACERCA DE LA AUTORA

¿Qué mirábamos, madre, sino los globos de los sueños que se escondieron?
Tal vez un futuro que no esperábamos o la culminación de nuestros propios
actos. No sabíamos nada, entonces, de la vida que sería un día. O tal vez tú sí.
Veías a través de mi juventud, de la misma forma que a mi vez yo ví a los míos.
Gracias por romper el primer eslabón de la cadena. Gracias por mirar conmigo.
Gracias por enseñarme a mirar.

Nací en el filo de la montaña, en ese increíble
desafío que se llama Manizales. Crecí en el altiplano,
mirando los cerros orientales de la sabana de Bogotá
y me hice adulta entre el mar y la Sierra Nevada de
Santa Marta, rodeada de la magia costeña del Caribe.
Me desempeñé como bióloga marina durante 15
increíbles años, trabajando en investigación, buceando
y viviendo en Santa Marta, hasta que me exilié del
mar, de mi patria y de mi oficio, para empezar una
nueva vida en Estados Unidos.

Escribí desde siempre y nunca me tomé en serio. Ahora me desempeño como escritora y editora y le colaboro a otros escritores que desean publicar. Amo los libros y me gusta recogerlos y compartirlos con otras personas que persisten en leer en español en este país. He publicado dos libros de poesía: *Palabras sumergidas* y *Etimológicas*. Mis poemas y relatos cortos han sido publicados en antologías y diversos magazines literarios digitales. El poema "Esa paz que quiero" ganó mención de honor en el concurso "Mil Poemas por la Paz del Mundo, 2019".

TESSELLATA

«No puedes comprar la revolución.
No puedes hacer la revolución.
Sólo puedes ser la Revolución.
Está en tu espíritu
o no está en ningún sitio».

Ursula K. Le Guin

www.ingramcontent.com/pod-product-compliance
Lightning Source LLC
Chambersburg PA
CBHW021130020426
42331CB00005B/709